BEI GRIN MACHT SICH IHR WISSEN BEZAHLT

AF135627

- Wir veröffentlichen Ihre Hausarbeit,
  Bachelor- und Masterarbeit

- Ihr eigenes eBook und Buch -
  weltweit in allen wichtigen Shops

- Verdienen Sie an jedem Verkauf

Jetzt bei www.GRIN.com hochladen
und kostenlos publizieren

GRIN ☺

Trainingsplan für das Krafttraining über einen Zeitraum von sechs Monaten. Zielsetzung Körperstraffung für eine 27 Jahre alte Frau

Janine Held

Bibliografische Information der Deutschen Nationalbibliothek:

Die Deutsche Nationalbibliothek verzeichnet diese Publikation in der Deutschen Nationalbibliografie; detaillierte bibliografische Daten sind im Internet über http://dnb.d-nb.de abrufbar.

ISBN: 9783346756015
Dieses Buch ist auch als E-Book erhältlich.

Druck und Bindung: Books on Demand GmbH, Norderstedt Germany
Gedruckt auf säurefreiem Papier aus verantwortungsvollen Quellen

Das vorliegende Werk wurde sorgfältig erarbeitet. Dennoch übernehmen Autoren und Verlag für die Richtigkeit von Angaben, Hinweisen, Links und Ratschlägen sowie eventuelle Druckfehler keine Haftung.

Das Buch bei GRIN: https://www.grin.com/document/1291387

Deutsche Hochschule für
Prävention und Gesundheitsmanagement
Hermann-Neuberger-Sportschule 3
66123 Saarbrücken

Hausarbeit

Name, Vorname	Held Janine
Studiengang	Fitnessökonomie
Studienmodul	Trainingslehre 1

Inhaltsverzeichnis

1 Teilaufgabe 1 – Diagnose

Im Folgenden werden die Diagnosedaten einer fiktiven Frau vorgestellt. Im Anschluss wird eine Krafttestung durchgeführt. Die daraus resultierenden Ergebnisse erlauben Rückschlüsse auf Trainierbarkeit und Belastbarkeit. Da diese die Basis der Trainingssteuerung festlegen, sind sie zwingend notwendig.

1.1 Allgemeine und biometrische Daten

Die von der fiktiven Probandin entnommen allgemeinen und biometrischen Anamnesedaten sind in tabellarischer Form gelistet.

Tabelle 1: Allgemeine und biometrische Daten (eigene Darstellung)

Alter	27
Geschlecht	weiblich
Größe in cm	171
Gewicht in kg	66,6
Body Mass Index in kg/m²	22,8
Muskelmasse in kg	26
Fettmasse in %	29,7
Fettmasse in kg	19,8
Blutdruck in mmHg	127/79
Puls in bpm	67
Trainingsmotivation	Körperstraffung, fitter und stärker fühlen
Berufliche Tätigkeit	Rechtsanwältin, hauptsächlich sitzende Tätigkeit
Sportliche Aktivität	- Tägliches spazieren mit dem Hund ca. 45- 60 min - Trainiert seit 1 Jahr im Fitnessstudio an Geräten (unregelmäßig und ohne Struktur)
Zeitliche Verfügbarkeit	4 x wöchentlich a 1 Stunden
Schmerzen	An langen Arbeitstagen leichte Verspannungen im LWS Bereich
Verletzungen	Keine
Medikamente	Keine

Bei der 27-jährigen Probandin wurde eine Körperzusammensetzungsanalyse mit der In Body 770 Waage durchgeführt. Dabei konnte eine laute Weltgesundheitsorganisation (WHO) normaler Body Mass Index (BMI) festgestellt werden. Nach Angaben der WHO bewegt sich ein Normalwert zwischen 18,5 kg/m² bis 24,9 kg/m² (WHO, 2000, S. 9). Bei der Muskel-Fett-Analyse konnte eine durchschnittliche Skelettmuskelmasse, im Verhältnis zum aktuellen Gewicht und Größe, erzielt werden. Der definierte Normwert liegt zwischen 90 % und 110 %. In der Fettleibigkeitsanalyse wurde festgestellt, dass sich die Kundin leicht im Über Fettbereich (Über Fett: ab 28 %) befindet (Chang-Hun, 2020). Der Blutdruck wurde mit einem Oberarmblutdruckmessgerät von Veroval compact BPU 22(ÄP) ermittelt. Der systolische Wert kann mit 127mmHg als normal und der diastolische Wert mit 79mmHg als optimal gewertet werden (deutsche Hochdruckliga, 2019).

Tabelle 2: Blutdruckklassifikation (deutsche Hochdruckliga, 2019, S. 10)

Blutdruck in mmHg		
Blutdruckkategorie	**Systolischer Wert**	**Diastolischer Wert**
Optimal	Unter 120	**Unter 80**
Normal	**120 bis 129**	80 bis 84
Hochnormal	130 bis 139	85 bis 89
Hypertonie Grad 1	140 bis 159	90 bis 99
Hypertonie Grad 2	160 bis 179	100 bis 109
Hypertonie Grad 3	180 oder mehr	110 oder mehr

Die Klientin gab leichte, unregelmäßig wiederkehrende Verspannungen im Lendenwirbelsäulenbereich (LWS) an. Sie sollte die Schmerzen mithilfe einer Borgskala (1-20) bewerten. Dabei entspricht 0= keine Schmerzen und 20=unaushaltbare Schmerzen. Die Leiden wurden von der Kundin mit einer 2-3 eingestuft. Dies stellt keinen Kontraindikator dar. Um die Symptomatik nicht zu verschlechtern, muss dennoch auf eine präzise Ausführung der Übungen geachtet werden. Daraus resultierend ist die Trainierbarkeit und Belastbarkeit der Kundin im Rahmen eines Krafttrainings uneingeschränkt gegeben.

1.2 Krafttestung

Um das derzeitige Kraftniveau zu ermitteln, fiel die Entscheidung auf ein Mehrwiederholungskrafttest (X-RM-Test). Die daraus gewonnenen Ergebnisse dienen der optimalen Trainingsplanerstellung mithilfe der Individuellen-Leistungsbild-Methode. Der erste Mesozyklus beinhaltet ein extensives Kraftausdauertraining im submaximalen Trainingsbereich. Bei einem Mehrwiederholungskrafttest kann dadurch ein präzises, aussagekräftiges Trainingsgewicht abgeleitet werden. Da die Kundin bereits seit einem Jahr Krafttraining durchführt, verfügt diese bereits über die benötigten bewegungskoordinativen Fähigkeiten für dieses genannte Testverfahren. Daher wurde sich gegen eine Intensitätsbestimmung durch subjektives Belastungsempfinden entschieden.

Die Durchführung sieht wie folgt aus: Die Testung wird an der Beinpresse sitzend 45°, der Hyperextension, der Bauchpresse, dem Latzug unilateral am Kabelturm, dem Ruderzug am Kabelturm und der Brustpresse sitzend durchgeführt. Es werden die nach Eifler (2007, S. 104-105) empfohlenen Richtlinien eingehalten. Dabei werden bei jeder Übung maximal drei Sätze durchgeführt mit jeweils 18 Wiederholungen. Die Anzahl der Wiederholungen ergibt sich aus der im ersten Mesozyklus festgelegten Wiederholungszahl. Satzweise wird das Trainingsgewicht gesteigert. Ziel ist es, ein individuelles Gewicht zu finden, welches die Probandin genau 18-mal (entspricht auf der Borgskala einen Wert von 20; entspricht 100 % Auslastung) mit korrekter Haltung und sauberer Ausführung überwinden kann. Vor der Testung wird ein allgemeines Aufwärmen von fünf Minuten auf dem Crosstrainer mit moderater Geschwindigkeit durchgeführt. Dabei wird die Körpertemperatur auf 39-40 °C angehoben. Dies ist besonders für das Herz-Kreislaufsystem wichtig, welches mit einer Erweiterung der Gefäße und einem gesteigerten Herzminutenvolumen reagiert, um die Muskulatur durch Stoffwechselverbesserung effizienter versorgen zu können (Weineck, 1988). Anschließend erfolgt vor jeder Übung ein spezifisches Aufwärmen. Hierbei wird vom Trainer ein subjektives Gewicht gewählt, welches 50 % des ersten Testsatzes darstellt. Im Aufwärmsatz werden 12 Wiederholungen ausgeführt, dadurch werden die bei der Übung aktiven Muskeln und Gelenke sowie Bänder, Sehnen und Knorpel auf die folgende Belastung schonend vorbereitet (Gruenert, 2020, S. 2 -8). Nach jedem Testsatz erfolgt eine Pause von drei Minuten. Wird bereits beim ersten oder zweiten Satz, dass maximal überwindbare Gewicht richtig gewählt, erfolgt kein weiterer Testsatz. Wird das Gewicht zu hoch gewählt, muss im folgenden Testsatz ein niedrigeres gewählt werden.

Tabelle 3: Mehrwiederholungskrafttestung (eigene Darstellung)

Übungen	Wiederholungen	1.Testsatz in kg	2.Testsatz in kg	3.Testsatz in kg	Ergebnis in kg
Beinpresse	18	75	90	/	90
Hyperextension	18	0	/	/	Ohne Gewicht
Bauchpresse	18	15	20	25	25
Latzug unilateral am Kabel eng	18	10	13	15	15 kg
Rudern eng mit proniertem Griff	18	20	25	/	25kg
Brustpresse sitzend	18	15	20	25	25kg
Schulterdrücken sitzend mit Kurzhanteln	18	5	6	8	8kg

Die dargestellten Ergebnisse ergaben sich aus den noch vollständig absolvierten Testsätzen. Da die Dame sehr motiviert und belastbar ist, soll im ersten Mesozyklus mit 70 % (Borgskala 14) der Intensität aus dem Krafttest gearbeitet werden. Zudem soll nach jedem Mesozyklus ein Re-Test unter konsequenter und exakter Standardisierung der Rahmenbedingungen durchgeführt werden (Eifler 2017, S 104-105). Dadurch wird ein intraindividueller Leistungsvergleich im zeitlichen Verlauf des Trainings möglich. Eine Möglichkeit des interindividuellen Leistungsvergleiches ist aufgrund zu vieler Störgrößen nicht möglich (Martin, Carl & Lehnertz, 1993, S. 118).

2 Teilaufgabe 2 – Zielsetzung/Prognose

Nach einer umfangreichen Diagnose, folgt eine Konkrete Zieldefinierung. Dabei werden auf Basis des Kundenwunsches drei Ziele in Form von Inhalt, Ausmaß und Zeit ausgearbeitet.

Tabelle 4: Zielsetzung und Prognose (eigene Darstellung)

	Inhalt	Ausmaß	Zeit
Muskeln	Muskelmasse erhöhen	1,5kg	Fokus: 14Wochen
Körperfett	Körperfettreduktion	3kg	Fokus: 11Wochen Beginn: 5Wochen Ende: 6Wochen
Kraft	Kraftsteigerung	45%	23 Wochen

Die Kundin äußert den Wunsch, ihren Körper mehr zu formen und zu straffen. Dieses Ziel soll durch einen Muskelmassenanstieg und gleichzeitiger Fettreduktion geschehen. Da zum Erreichen des definierten Zieles noch weitere Faktoren eine Rolle spielen können, wie beispielsweise die Genetik (Bindegewebe), Umweltfaktoren, Geschlecht und Alter kann dieser Wunsch nicht garantiert werden. Durch die genetisch anatomische Unterschiedlichkeit jedes Individuums sind exakte Anpassungen des Körpers nicht pauschalisierbar. Dennoch können persönliche Verbesserungen der Körperverhältnisse durch eine erneute Körperzusammensetzungsanalyse manifestiert werden. Ein weiterer Wunsch ist es, sich fitter zu fühlen. Da dieses Ziel in Form einer Kraftsteigerung erzielt werden kann, ist es garantiert. Durch die Konkretisierung der Ziele soll die Motivation der Kundin langfristig erhalten bleiben und messbare Erfolgserlebnisse mit sich bringen.

Da beim Muskelmassenzuwachs ein Kalorienüberschuss und bei der Fettreduktion eine negative Gesamtbilanz notwendig sind, schließen sich diese Ziele nahezu gegenseitig aus. Aus diesem Grund wird für jeden Mesozyklus eines beider Ziele priorisiert, abhängig von der gewählten Trainingsmethode. Da die Probandin in der Vergangenheit nur unregelmäßig und ohne Plan trainiert hat, konnte der Körper kaum Anpassungen durch den Sport generieren. Bei der Festlegung des Ausmaßes kann sich somit an den zu erwartenden Werten eines Trainingsanfängers orientiert werden.

Bei dem Ziel der Muskelmassensteigerung wurden 1,5 kg für den gesamten Makrozyklus angesetzt. Fokussiert werden soll das Ziel über 14 Wochen, während des zweiten, dritten und vierten Mesozyklus. Innerhalb dieser drei Zyklen werden optimal überschwellige Muskelreize gesetzt. In den anderen Mesozyklen ist ein Muskelerhalt erwünscht.

Die Fettreduktion soll hauptsächlich über 11 Wochen im ersten und letzten Mesozyklus erfolgen und ist mit 3 kg festgelegt. Für die Zielerreichung muss in den 11 Wochen ein Kaloriendefizit von 350 kcal pro Tag erreicht werden (Lewandowski, 2020). Dies ist bei einer Kraftausdauermethode realistisch und lässt die Kundin, gestützt auf die Auswertungstabellen der In Body Analyse, in den normalen Körperfettbereich wechseln (Chang-Hun, 2020). Um die Motivation zu fördern, ist das Ziel tiefer angesetzt.

Die Kraftsteigerung soll kontinuierlich über die gesamten 25 Wochen erfolgen. Ein besonders signifikanter Zuwachs wird im vierten Mesozyklus durch ein extensives Maximalkrafttraining generiert. Im Gesamtzeitraum des Makrozyklus soll ein prozentueller Kraftzuwachs von 45 % der Ausgangswerte erreicht werden. Dies wurde auf Basis der Studie von Eifler (200) hochgerechnet. Es wurde berücksichtigt, dass der Kraftzuwachs sukzessiv abflachend, nicht linear ansteigt. Dies lässt sich durch die individuellen Anpassungsreserve erklären (Martin et al., 1993, S. 96). Mithilfe der Re-Tests nach jedem Mesozyklus können Fortschritte regelmäßig gemessen und der Klientin grafisch verdeutlicht werden.

Nach Beendigung der 25 Wochen wird eine umfangreiche Körperzusammensetzungsanalyse und ein Krafttest wiederholt. Die Ergebnisse beider Tests werden mit der Kundin ausführlich besprochen und stellen die Basis weiterer Zielsetzungen.

3 Teilaufgabe 3 – Trainingsplanung Makrozyklus

Im Folgenden wird ein individualisierter Makrozyklus konstruiert. Dieser baut auf den Diagnosedaten und den gesetzten Zielen der Klientin auf.

Tabelle 5: Makrozyklusplanung (eigene Darstellung)

Makrozyklus über 25 Wochen					
	Mesozyklus 1	Mesozyklus 2	Mesozyklus 3	Mesozyklus 4	Mesozyklus 5
Dauer	5 Wochen	5 Wochen	5 Wochen	4 Wochen	6 Wochen
Trainingsziel	Kraftausdauertraining (extensiv)	Hypertrophietraining (extensiv)	Hypertrophietraining (intensiv)	Maximalkrafttraining (extensiv)	Kraftausdauertraining (intensiv)
Einheit/Woche	3	3	4	3	4
Organisationsform	Ganzkörper Stationstraining	Ganzkörper/Splitt (OK; UK) Stationstraining	Split (OK; UK) Stationstraining	Ganzkörper/Splitt (OK; UK) Stationstraining	Split (OK; UK) Stationstraining
Übungen/Muskelgruppe	1-2	1-3	2-3	1-2	2-3
Sätze/Übungen	2	3	3	4	2
Satzpause	45sek	60sek	90sek	150sek	60sek
Wiederholungen	18-22	10-12	8-10	5	12-15
Intensität (Borgskala)	14-15	16-17	16-17	17-18	15
Bewegungstempo	2-0-2	2-0-2	2-0-2	2-0-2	2-0-2

(Zwischen den Mesozyklen: KRAFTTEST 1, KRAFTTEST 2, KRAFTTEST 3, KRAFTTEST 4, KRAFTTEST 5, KÖRPERZUSAMMENSETZUNGSANALYSE + KRAFTTEST 6)

Begründung der Trainingsmethoden: Für den ersten Mesozyklus wurde sich für ein extensives Kraftausdauertraining entschieden. Da sportliche Vorerfahrung kaum vorhanden ist, soll in diesem Zyklus ein stabiles Fundament geschaffen werden, auf dem aufgebaut wird. Aufgrund der niedrigen Intensität ermöglicht diese Trainingsmethode den Fokus auf eine korrekte, saubere Ausführung. Dadurch können Bewegungsmuster verinnerlicht werden. Es kommt in dieser Phase zu vielen körperlichen Anpassungen des Organismus. Eine Verbesserung der Kapillarisierung und eine Vermehrung sowie Vergrößerung von Mitochondrien findet statt (Zimmermann, 2002, S. 102). Eine Konzentrationsveränderungen von Metaboliten des Energiestoffwechsels (z. B. ATP, Fettsäuren, Glykogen, Laktat) tritt durch eine Vergrößerung der Phosphat- und Glykogenspeicher ein (Güllich & Krüger, 2013, S. 178). Daraus resultiert eine verbesserte Energie- und Sauerstoffversorgung und damit eingehend eine Ökonomisierung des Organismus. Im darauffolgenden Zyklus kann somit mehr Leistung generiert werden, um dem Ziel des Muskelwachstums optimal nachzugehen. Von besonderer Bedeutung ist ein angeregter Fettstoffwechsel bei Kraftausdauertraining. Dadurch wird die Fettreduktion unterstützt und erleichtert. Im zweiten Mesozyklus wurde ein extensives Hypertrophietraining geplant. Hierbei wird das neuromuskuläre System auf die folgenden intensiveren Mesozyklen vorbereitet. Die intermuskuläre Koordination wird hier besonders durch die mehrgelenkigen, kombinierten Übungen, gekoppelt mit einer gesteigerten Intensität verbessert. Intermuskuläre Koordination ist das Zusammenspiel mehrerer Muskeln in einem Bewegungsablauf (Bührle & Schmidtbleicher, 198). Dadurch wird eine Kraftsteigerung positiv unterstützt. Zudem wird durch das Setzen überschwelliger Reize ein Muskelquerschnittswachstum erfolgen (Güllich & Krüger, 2013, S. 179), welches wiederrum zu einem erhöhten Kalorienumsatz führt und die Fettreduktion dadurch erleichtert. Das Hypertrophietraining bringt zudem präventive Aspekte, durch die Stärkung des aktiven Bewegungsapparates (Bestehend aus: Skelettmuskulatur, Sehnen, Sehnenscheiden, Schleimbeutel und Sesambeine), wird der passive Bewegungsapparat (Bestehend aus: Knochen, Gelenk- und Faserknorpel und Bändern) entlastet. Der dritte Mesozyklus umfasst ein intensives Hypertrophietraining. Die erhöhte Intensität führt zu optimal überschwelligen Reizen, die durch eine Muskelquerschnittszunahme die Muskelmasse gezielt erhöht. Der Kalorienumsatz steigt weiter an, auch der Kraftzuwachs wird deutlich messbar. Hinzu kommt eine verbesserte Durchblutung, welche zu erhöhter Gewebearbeit führt. In der Folge können dadurch den Verspannungen, im LWS Bereich der Kundin, entgegengewirkt werden. Im vierten Mesozyklus soll nun ein extensives Maximalkrafttraining absolviert werden. Durch völlige Ausnutzung des Muskelpotenzials kann hierbei eine enorme Kraftsteigerung generiert werden. Zudem verbessert das Maximalkrafttraining zur intermuskulären Koordination nun noch intensiv die intramuskuläre Koordination (Bührle, 1985). Intramuskulären Koordination ist das synchrone Zusammenwirken möglichst vieler Muskelfasern innerhalb eines Muskels (Hollmann & Hettinger, 2000). Dadurch wird das Training effizienter und das Leistungsniveau kann durch Ökonomisierung angehoben werden. Ein Muskelwachstum wird weiterhin generiert. Der letzte Mesozyklus besteht aus einem intensiven Kraftausdauertraining. Das Ziel der Fettreduktion soll hierbei erneut fokussiert werden. Der nun erhöhte Kalorienumsatz wirkt hierbei zusätzlich unterstützend. Diese Phase soll durch niedrig gewählte Intensität als strategische Entlastung für Muskeln, Bänder und Sehnen dienen.

Begründung der Belastungsparametern und der Organisationsform: Im ersten Mesozyklus wurden drei Einheiten pro Woche in Form eines Ganzkörpertrainings gewählt. Laut Fröhlich und Schmidtbleicher (2008) stehen Trainingsaufwand und Trainingsnutzen bei dieser Anzahl an Einheiten im effizientesten Verhältnis zum Kraftzuwachs. Zudem ist es mit dem Zeitbudget der Trainierenden gut vereinbar. Diese Trainingsform zielt darauf ab den Körper an die regelmäßige Belastung zu gewöhnen, ohne ihn dabei zu überfordern. Da große Muskelgruppen zu Beginn nicht zu intensiv trainiert werden sollen, sind 1-2 Übungen pro Muskelgruppe angesetzt. Um den Zeitrahmen pro Trainingseinheit von ca. 45min nicht zu stark zu überschreiten, wurden aufgrund der hohen Wiederholungszahlen (18-22) zwei Sätze pro Übung festgelegt. Die Intensität (Borgskala:14-16) ist zu Beginn niedriger angesetzt, um den Fokus auf die Ausführung zu legen und sich Bewegungsmuster anzueignen. Alle Übungen sollen mit der gleichen Wiederholungszahl und Intensität durchgeführt werden. Durch eine wöchentliche Steigerung beider Parameter soll ein Stagnieren verhindert werden. Dies gilt auch für die anderen Mesozyklen. Aufgrund der niedrigen Intensität ist eine Satzpause von 45 Sekunden festgelegt. Im zweiten Mesozyklus wurden ebenfalls drei Trainingseinheiten gewählt, dieses Mal erfolgt die Unterteilung durch eine Einheit in Form eines Ganzkörperplans und zwei Einheiten Splittraining (OK/UK). Damit soll die Kundin an das Splittraining herangeführt werden. Die Ganzkörpereinheit wurde gewählt, da bei drei Einheiten in der Woche die Muskulatur in Form eines reinen Splittrainings nicht ausreichend gereizt werden würde. Empfehlungen zu folge sollte jeder Muskelgruppe mindestens zweimal wöchentlich einen Trainingswirksamen Reiz erfahren, um Muskelwachstum zu generieren (Bishop, Jones & Wood, 2008). Am Ganzkörpertag sollen 1-2 Übungen pro Muskelgruppe bestehen bleiben, für das Splittraining sind 2-3 Übungen pro Muskelgruppe geplant. Die Sätze pro Übung wurden auf 3 angehoben, die Wiederholungen, aufgrund des Hypertrophietrainings abgesenkt (10-12). Durch Anpassen dieser Variablen kann die Trainingszeit pro Einheit bestehen bleiben. Die Intensität (Borgskala 16-17) wurde ebenfalls angehoben. Insgesamt ist dieser

Zyklus deutlich anspruchsvoller weshalb die Pausenzeit auf 60 Sekunden erhöht wurde. Im dritten Mesozyklus wurden die Einheiten pro Woche auf vier gesteigert, dadurch ist nun ein reines Splittraining (OK/UK) möglich. Dieses bereitet die Sportlerin auf den hochintensiven Maximalkraftzyklus vor. Jeder Trainingstag beinhaltet nun 2-3 Übungen pro Muskelgruppe. Die Sätze pro Übung sowie die Intensität (Borgskala 16-17) sind gleichgeblieben. Um einen Trainingsreiz zu setzten und weitere Anpassung zu generieren wurde die Wiederholungszahl auf 8-10 herabgesetzt. Daraus resultiert ein deutlich höheres Trainingsgewicht. Die Pausenzeit wurde durch die Belastungssteigerung auf 90 Sekunden erhöht. Im Vierten Mesozyklus findet nun das extensive Maximalkrafttraining statt. Die Trainingseinheiten pro Woche wurden auf drei herabgesetzt, um ausreichende Regenerationszeit zu garantieren und Überlastung zu vermeiden. (Bishop, Jones & Wood, 2008). Erneut wurde eine Kombination aus Ganzkörpertraining und Splittraining gewählt. In dieser Phase sind vier Sätze pro Übung zu absolvieren. Aufgrund der enormen Belastung auf den Körper werden nur 1-2 Übungen pro Muskelgruppe und lange Pausenzeiten von 150 Sekunden gewählt. Die Intensität (Borgskala 17-18) wird angehoben und die Wiederholungen auf fünf pro Satz reduziert. Im letzten Mesozyklus werden die Einheiten wieder auf vier angehoben und ein Splittraining (OK/UK) durchgeführt. Es sollen 2-3 Übungen pro Muskelgruppe und zwei Sätze pro Übung durchgeführt werden. Da diese Phase als strategische Erholung dienen soll wird die Intensität (Borgskala 15) runter gesetzt. Die Wiederholungen werden entsprechend den Empfehlungen von Martin et al. (1993, S. 132.) für intensiven Kraftausdauertraining auf 12-15 angepasst. Durch die geringere Belastung kann die Pausenzeit auf 60 Sekunden herabgesenkt werden. Das Bewegungstempo wurde für alle Trainingseinheiten gleich gewählt (2-0-2). Zwei Sekunden in der exzentrischen Phase, Null Sekunden im Wendepunkt und zwei Sekunden in der konzentrischen Phase. Die Kombination aus Bewegungstempo, Wiederholungszahl und der Intensität der einzelnen Mesozyklen ergibt somit eine optimale Satzdauer (Fröhlich, Schmidtbleicher & Emrich, 2002). Zudem bestehen alle Mesozyklen aus einem Stationstraining.

Begründung der Periodisierung: Der Makrozyklus unterliegt einer Linearen Periodisierung, da so einzelne motorische Fähigkeiten schnell, einfach und gezielt erlernt werden können (Pürzel & Pürzel, 2019).

4 Teilaufgabe 4 – Trainingsplanung Mesozyklus

Nach der Planung des Makrozyklus kommt es nun zu einer genaueren Ausarbeitung des ersten Mesozyklus. Dabei wird auch die Übungsauswahl sowie Reihenfolge erläutert.

Tabelle 6: Mesozyklus 1 (eigene Darstellung)

	Mesozyklus 1				
	Woche 1	Woche 2	Woche 3	Woche 4	Woche 5
Spezifisches Trainings-ziel	Kraftausdauer (extensiv)	Kraftausdauer (extensiv)	Kraftausdauer (extensiv)	Kraftausdauer (extensiv)	Kraftausdauer (extensiv)
Trainingseinheiten pro Woche	3	3	3	3	3
Organisationsform	Ganzkör-per/Stations-training	Ganzkör-per/Stations-training	Ganzkör-per/Stations-training	Ganzkör-per/Stations-training	Ganzkör-per/Stations-training
Übungen pro Muskel-gruppe	1-2	1-2	1-2	1-2	1-2
Sätze pro Übung	2	2	2	2	2
Satzpausen	45sek	45sek	45sek	45sek	45sek
Wiederholungszahl	18	19	20	21	22
Intensität laut Borgskala	15	15	15	16	16
Bewegungstempo	langsam	langsam	langsam	langsam	langsam

Der erste Mesozyklus stellt ein extensives Kraftausdauertraining dar. Dadurch soll ein stabiles Fundament geschaffen werden. Da die Person sehr motiviert ist und keine Kontraindikatoren für das Training vorliegen wird eine Auslastung der Maximalkraft von 70% für den Einstieg gewählt. Über die fünf Wochen soll die Intensität moderat angepasst werden. Als Wiederholungszahl wurden 18- 22 Wiederholungen festgelegt. Wochenweise soll die Wiederholungszahl um eins angehoben werden. Dadurch soll ein Stagnieren der Leistungssteigerung verhindert und möglichst hohe Körperanpassungen generiert werden. Durch die hohe Wiederholungszahl und die langsame Durchführung kommt es zur Muskelermüdung, nicht zu einem Muskelversagen. Um die Konzentrationsfähigkeit bis zum Ende aufrecht zu erhalten, wurden nur zwei Sätze pro Übung und 1-2 Übungen pro Muskelgruppe ausgewählt, sodass eine Trainingseinheit in 45 Minuten absolviert werden kann. Auch soll der Körper dadurch vor Überlastung geschützt werden. Um einen Trainingswirksamen Effekt zu erzielen, wurden als Pausenzeit 45 Sekunden gewählt. In diesem Zeitraum findet die ATP-Resynthese statt. Diese ist notwendig, um die ATP Speicher aufzufüllen und den Körper mit Energie versorgen zu können (De Mareés, 1996).

Die Probandin soll einen ausgeglichenen Ganzkörperplan erhalten, in dem alle Muskeln gestärkt werden und zu Beginn eine bessere Kondition aufgebaut wird. Präventiv soll bei der Auswahl der Übungen eine Rückenstärkung berücksichtigt werden. Begründet wird dies durch die überwiegend sitzende Tätigkeit der Klientin und der subjektiv empfundenen Verspannungen im LWS-Bereich.

Tabelle 7: Übungsreihenfolge (eigene Darstellung)

Mesozyklus 1	
Beinpresse sitzend 45°	Beinpresse sitzend 45°
Hyperextension	Hyperextension
Bauchpresse	Bauchpresse
Latzug unilateral am Kabelturm	Latzug unilateral am Kabelturm
Rudern breit mit proniertem Griff	Rudern eng mit proniertem Griff
Brustpresse sitzend	Brustpresse sitzend
Schulterdrücken sitzend mit Kurzhanteln	Schulterdrücken sitzend mit Kurzhanteln

Als erste Übung wurde die Beinpresse sitzend 45° gewählt. Die Füße sollen niedrig und schulterbreit auf der Platte positioniert werden. Es handelt sich um eine mehrgelenkige (Hüftextension, Knieextension und Plantarflexion) Übung zur Stärkung des Unterkörpers. Bei dieser Übung sind sehr viel große Muskeln beteiligt, aus diesem Grund wurde sie zu Beginn gewählt. Dabei arbeitet vor allem durch die gewählte Fußstellung primär der M. quadriceps femoris. Sekundär ist der M. glutaeus maximus beteiligt, welcher in die Fasciae thoracolumbalis mündet. Dadurch ist er am diagonalen muskulären Verspannungsmechanismus beteiligt. Diese Übung kann somit zusätzlich als Ergänzendes Rumpftraining gewertet werden. Des Weiteren sind noch andere Muskeln beteiligt wie der M. biceps femoris, M. semitendinosus, M. semimembranosus, M. gastrocnemius und der M. soleus.

Die zweite Übung ist die Hyperextension. Es handelt sich hierbei um eine eingelenkige Übung (Hüftgelenk). Sie wurde an dieser Stelle eingesetzt, um einen Fokus auf die Stärkung des M. erector spinae zu setzen. Zu Beginn des Trainings ist der Kunde noch konzentrierter und wird die Übung mit hoher Wahrscheinlichkeit gewissenhafter und sauberer ausführen. Die Körperspannung ist bei der Übung von besonderer Bedeutung. Zudem ist sekundär der M. gluteus maximus und der M. biceps femoris beteiligt. Zweiterer stellt den Gegenspieler zum M. quadriceps femoris, welcher in der Übung davor trainiert wurde. Durch Stärkung des M. erector spinae kann dem Schmerzempfinden der Kundin im LWS- Bereich entgegengewirkt werden.

Als dritte Übung wird die Bauchpresse an der Maschine gewählt. Es ist eine eingelenkige Übung. Dennoch wird sie an dritter Stelle positioniert, da sie den direkten Gegenspieler zur vorherigen Übung stellt. Zudem ist die Kontrolle über die Bauchmuskulatur essenziell, um die funktionelle Stabilität in der LWS aufrecht zu erhalten (Akuthota und Nadler, 2004).
Die primäre beteiligte Muskulatur stellt der M. rectus abdominis. Sekundär sind der M. pyramidalis und der M. obliquus abdominis beteiligt.

Als vierte Übung wurde sich für den Latzug unilateral entschieden. Auch diese Übung ist eine mehrgelenkige (Schultergelenk Adduktion, Ellbogenflexion) Übung. Hierbei ist primär der M. latissimus dorsi am Arbeiten. Sekundär sind der M. teres major, M. deltoideus pars spinalis, M. biceps brachii, M. brachialis und der M. brachioradialis beteiligt. Durch die unilaterale Ausführung wird die Tiefenmuskulatur besser stimuliert und die Koordinativen Fähigkeiten gefördert. Eine gestärkte Tiefenmuskulatur beugt Alltagsverletzungen vor. Zudem muss die Gegenseite ausgleichen, die aufrechte Haltung wird gestärkt. Durch eine gut ausgeprägte Rückenmuskulatur wirkt die Taille der Frau schmaler, so kann eine allmähliche Körperformung stattfinden.

Als fünfte Übung wurde das enge Rudern mit proniertem Griff am Kabelzug gewählt. Hierbei handelt es sich um eine mehrgelenkige (Schulterblatt Retraktion, Schultergelenk Retroversion und Ellbogenflexion) Übung. Der Griff wurde eng und proniert gewählt, um den Fokus auf den M. Trapezius zu legen. Zudem sind noch weiter Muskeln beteiligt: M. latissimus dorsi, M. deltoideus pars spinalis, M. teres major, Mm. Rhomboidei, M. biceps brachii, M. brachialis, M. brachioradialis. Die Übung wurde am Kabelzug gewählt, um keine Rückenstütze zu haben. Dadurch wird Rumpfspannung benötigt und die aufrechte Haltung gefördert.

Als sechste Übung wurde die Brustpresse sitzend am Gerät gewählt. Dies ist ebenfalls eine mehrgelenkige (Anteversion und Adduktion des Schultergelenks und Extension des

Ellbogengelenks) Übung. Primär wird hier der M. pectoralis major beansprucht. Sekundär arbeitet der M. pectoralis minor, M. deltoideus pars clavicularis und der M. triceps brachii. Eine ausgeprägte Brustmuskulatur ist wichtig für eine aufrechte Haltung und stellt den Gegenspieler des oberen Rückens. Zudem können Brust und Armmuskeln gestrafft werden und zu einem besseren Körpergefühl beitragen.

Zuletzt wird das Schulterdrücken sitzend mit Kurzhanteln gewählt. Dies ist eine mehrgelenkige (Ellbogen, Schulter) Übung. Primär wir der gesamte M. deltoiduus trainiert. Sekundär ist der M. triceps brachii und der M. trapezius pars descendens beteiligt. Die Übung wurde sitzend gewählt, um sich auf die Ausführung konzentrieren zu können. Eine Trainierte Schulter kräftigt den gesamten Oberkörper und führt zu einer Entlastung von Brust und Rücken.

Bei der Übungsauswahl wurde darauf geachtet möglichst mehrgelenkige, kombinierte Übungen zu wählen, um einen hohen Kalorienverbrauch zu generieren. Zudem wurde auf ein ausgewogenes Verhältnis von drückenden und ziehenden Bewegungen geachtet.

5   Teilaufgabe 5 – Literaturrecherche

Tabellarisch werden zwei Studien zum Thema Effekte von Krafttraining bei Rücken-schmerzen dargestellt.

Tabelle 8 : Vergleich zweier Studien: Krafttrainingseffekte bei Rückenschmerzen (eigene Dastellung)

Studie 1: Effekte maschinengeschützten Krafttrainings in der Behandlung chronischen Rückenschmerzes	Untersu-chungs-punkte	Studie 2: Krafttrainingstherapie bei männli-chen Polizeibeamten mit chronischen lumba-len Rückenschmerzen
Stephan A., Goebels S. & Schmidtbleicher D.	Autor	Kirchhoff D., Kopf S. & Böckelmann I
2011	Publikation	2015
Wie wirkt sich apparatives Krafttraining bei Per-sonen mit Rückenschmerzen im frühen Chronifi-zierungsstadium und gering bis moderaten All-tagsbeeinträchtigungen aus?	For-schungs-frage	Wirkt sich ein isoliertes Krafttraining anders als ei-nes mit psychologisch-pädagogischen Interven-tionen, bezüglich der Betrachtungspunkte: Kraft der Rumpfmuskulatur, Angstverhalten und Schmerzverhalten aus?
96 Teilnehmer: Auswahl: volljährige, deutsche Probanden (Aus-gelost aus 18167 Bewerbern) Einschlusskriterien: Rückenschmerzen seit min-destens zwölf Wochen oder rezidivierende Schmerzschübe seit zwei Jahren Ausschlusskriterium: Osteoporose, Herz-Kreis-lauf-Erkrankungen, akute Verletzungen/ Entzün-dungen, postoperativer Zustand, Kundenstatus beim Anbieter (Kieser) Trainingsgruppe (G1): 80; Testgruppe (G2): 16	Versuchs-personen	64 Teilnehmer: Auswahl: Männliche Polizeibeamten; Alter: 47 ± 7,2 Jahre Einschlusskriterium: chronisch lumbale Rücken-schmerzen mehr als 6 Monate; Dekonditionie-rung der wirbelsäulenstabilisierenden Muskulatur Ausschlusskriterium: Osteoporose, Herz-Kreis-lauf-Erkrankungen, Gefäß- und Systemerkran-kungen, Bandscheibenvorfall Kontrollgruppe (G1): 32 isoliertes Gerätetraining Experimentalgruppe (G2): 32 Gerätetraining + psychologisch- pädagogische Intervention
(G1): Eigenständiges maschinengestütztes Kraft-training über 6 Monate in 54 Einrichtungen Belas-tungsnormative: zwei Einheiten/ Woche; zehn Übungen/Einheit (ganzer Körper); 6-8 Wiederho-lungen.: Einsatztraining; TUT (4-2-4); (G2): / Messungen: Intensität der Schmerzen und Ein-schränkungen -> MOS-Skala in PS; lumbale Ex-tensionskraft; Zeitpunkt: Vor Beginn, nach drei und sechs Monaten	Versuchs-aufbau	Maschinengestütztes Krafttraining für die Rumpf-muskulatur; 24 Therapieeinheiten in drei Phasen für alle 1 Phase: 2 Wochen 3 Einheiten/Woche; Ziel: Ko-ordinationsschulung 2 Phase: 6 Wochen 2 Einheiten/Woche; Ziel: Ma-ximalkraftsteigung 3 Phase: 6 Einheiten, alle 5 Tage eine Einheit; Ziel: Maximalkraftsteigerung +G2 erhält bei jeder Einheit Intervention nach be-haivioraler Methode Kraftdiagnostik und Schmerzdiagnostik und Angstvermeidung zu Beginn und Ende der Studie
Intensität des Schmerzes: Verbesserungen in beiden Gruppen gleich stark; Beeinträchtigung: Verbesserte Werte in % G1: 31,8; G2: 19,2; Lum-bale Extensionskraft: G1: +23,5%; G2: +0% ➔ Krafttraining kann laut statistisch und klinischen Richtlinien zu Verbesserung von Schmerz- und Beeinträchtigungs-reduktion führen ➔ Kritische Betrachtung, da wenig Test-personen teilnahmen; subjektives Schmerzempfinden -> evtl. Beeinflu-sung	Ergebnisse und Schlussfol-gerungen	Beide Gruppen konnten eine signifikanten Kraft-zuwachs generieren G2 > G1 Schmerzdiagnose: Verhältnis Schmerz/Aktivität: Verbessert G2> G1 Verhältnis Schmerz/Beruf: Verbessert G2> G1 Schmerzintensität: Verbessert G2= G1 Angstvermeidung: Verbessert G2> G1 ➔ Krafttraining führt zu einem Anstieg der Maximalkraft bei männlichen Polizisten ➔ Rückenschmerzen können gelindert werden ➔ Psychologischer Support kann Leis-tung fördern und Angst hemmen ➔ Kritik: wenig Testpersonen, nur Männer

6   Literaturverzeichnis

Akuthota, V. & Nadler, S. F. (2004). *Core strengthening. Archives of Physical Medicine and Rehabilitation, 85* (1), 12-18.

Bishop, P. A., Jones, E. & Woods, A. K. (2008). *Recovery from resistance training: a brief review. Journal of Strength and Conditioning Research, 22* (3), 1015–1024.

Bührle, M. (1985). *Dimensionen des Kraftverhaltens und ihre spezifischen Trainings-methoden. In M. Bührle (Hrsg.), Grundlagen des Maximalkraft- und Schnellkrafttrainings* (S. 82–111). Schorndorf: Hofmann.

Bührle, M. & Schmidtbleicher, D. (1981). *Komponenten der Maximal- und Schnellkraft. Versuch einer Neustrukturierung auf der Basis empirischer Ergebnisse. Sportwissenschaft, 11* (1), 11–27.

Chang-Hun, J. (2020) *Applikationspapier zum Immunsystem Studienüberblick und Anwendung - Der Einfluss der Körperzusammensetzung auf das Immunsystem.* Zugriff am 22.02.2022. Verfügbar unter InBody-Applikationspapier-Immunsystem-2020.pdf

De Mareés, H. (1996). *Sportphysiologie (8. Aufl.).* Köln: Sport und Buch Strauß.

Deutsche Hochdruckliga e.V. (Hrsg.). (2019). *Deutsche Hypertonie Gesellschaft: Patientenleitfaden Bluthochdruck* (S. 10). Heidelberg: Hrsg.

Eifler, C. (2000). *Krafttraining nach der ILB-Methode – Eine empirische Überprüfung der Trainingseffekte bei Anfängern und Fortgeschrittenen. Diplomarbeit.* Universität des Saarlandes: Saarbrücken.

Eifler, C. (2017). *Intensitätssteuerung im fitnessorientierten Krafttraining – Eine empirische Studie.* (S. 104-105). Marburg: Tectum.

Fröhlich, M., Schmidtbleicher, D. & Emrich, E. (2002). *Intensität und Wiederholungszahl als Steuerungsparameter im Krafttraining – State of the art. Zeitschrift für Physiotherapeuten, 54* (5), 745–750.

Fröhlich, M. & Schmidtbleicher, D. (2008). *Trainingshäufigkeit im Krafttraining – ein metaanalytischer Zugang. Deutsche Zeitschrift für Sportmedizin, 59* (2), 4–12.

Gruenert, M. (2020). *Das Aufwärmen im Sport. Eine kurze Darstellung der verschiedenen Formen und Faktoren* (S. 2-8). Grin: München.

Güllich, A. & Krüger, M. (2013). *Sport Das Lehrbuch für das Sportstudium.* Springer-Verlag: Berlin Heidelberg

Hollmann, W. & Hettinger, T. (2000). *Sportmedizin. Grundlagen für Arbeit Training und Präventivmedizin (4. Aufl.).* Stuttgart: Schattauer

Kirchhoff D., Kopf S. & Böckelmann I. (2015). *Studie 2: Krafttrainingstherapie bei männlichen Polizeibeamten mit chronischen lumbalen Rückenschmerzen. Zenztralblatt für Arbeitsmedizin, Arbeitsschutz und Ergonomie 66,* 10-19. Zugriff am 22.02.2022. Verfügbar unter Krafttrainingstherapie bei männlichen Polizeibeamten mit chronischen lumbalen Rückenschmerzen | SpringerLink (dhfpg.de)

Lewandowski, M. (2020) *Zu dick? Auch Sie können abnehmen! Mit Genuss und Erfolg, aber ohne Diät.* (S. 14) Springer-Verlag: Berlin Heidelberg

Martin, D., Carl, K. & Lehnertz, K. (1993). *Handbuch Trainingslehre (2. Aufl.).* Schorndorf: Hofmann

Pürzel, A. & Pürzel, A. (2019). *TRAININGSPLANUNG success is a choice (3., vollständig überarbeitete Aufl.).* Intelligent Strength

Stephan A., Goebel S., Schmidtbleicher D. (2011*). Effekte maschinengestützten Krafttrainings in der Behandlung chronischen Rückenschmerzes. Deutsche Zeitschrift für Sportmedizin, 62*(3). Zugriff am 23.02.2022. Verfügbar unter Effekte maschinengestützten Krafttrainings in der Behandlung chronischen Rückenschmerzes (germanjournalsportsmedicine.com)

Weineck, J. (1988). *Optimales Training (Beiträge zur Sportmedizin) (6.Aufl.).* Perimed: Erlangen

World Health Organization. (2000) *Obesity – preventing and managing the global epidemic. Report of a WHO Consultation on obesity. Technical Report Series 894.* (S. 9). Geneva

Zimmermann, K. (2002). *Gesundheitsorientiertes Muskelkrafttraining. Theorie, Empirie, Praxisorientierung (Beiträge zur Lehre und Forschung im Sport, Bd. 127, 2., unveränderte Aufl.).* (S. 102). Schorndorf: Hofmann

7 Tabellenverzeichnis